Eine Idee von ANDREA DAMI

Leo Lausemaus® ist ein eingetragenes Warenzeichen und erscheint im
Lingen Verlag, Brügelmannstraße 5, 50679 Köln

Dami International, a brand of Giunti Publishing Group
www.giunti.it
Illustrationen: Marco Campanella
Text: Anna Casalis
Text für die deutsche Ausgabe: Frieda Böhm

Printed in EU

49695/1

Besuche
Leo Lausemaus

www.leo-lausemaus.de

Leo Lausemaus

Leo Lausemaus

lernt schwimmen

■ LINGEN

Was für ein besonders schöner Sommertag heute doch ist. Genau das richtige Wetter für einen Ausflug zum See. Darauf haben sich Leo Lausemaus und seine kleine Schwester Lili schon so lange gefreut. Die Mäusefamilie möchte ein Picknick machen. Dafür hat die Mama jede Menge Leckereien in den Bollerwagen gepackt. „Die Schwimmsachen nehmen wir auch mit!“, erklärt der Papa und Leo ruft aufgeregt: „Prima, dann kann es ja losgehen!“

Am See angekommen, wird alles ausgepackt.
Während die Mama und Lili noch auf der Decke sitzen, sind Leo und der Papa schon vorne am Seeufer. Leo Lausemaus trägt seine neue Badehose, denn heute will er schwimmen lernen. Aber er ist noch etwas unsicher. Deshalb hat er nicht nur die Schwimmflügel, sondern auch noch den Schwimmreifen angezogen.
„Schau mal, Leo, hier vorne ist das Wasser gar nicht tief", erklärt der Papa. Aber Leo zögert ...

Schade! Der schöne Tag am See ist vorüber. Längst ist die Mäusefamilie zurück in ihrem Mäusehaus und es ist Zeit, ins Bett zu gehen.
Nur Leo sieht gar nicht glücklich aus. „Was hast du denn, meine kleine Lausemaus?“, fragt die Mama. „Ach, jetzt kann ich immer noch nicht schwimmen“, seufzt Leo. Liebevoll streichelt die Mama über Leos Kopf. „Was hältst du davon, wenn du eine Schwimmschule besuchst? Dann wirst du alles ganz schnell lernen. Aber nun wird erst einmal geschlafen. Gute Nacht, du Lausemaus!“

schnief

Schon am nächsten Tag wird Leo von seinen Eltern am Kindergarten abgeholt. „Komm, wir gehen gleich ins Schwimmbad. Dein Schwimmlehrer wartet schon auf dich.“ Doch darüber scheint Leo sich nicht zu freuen. Leise sagt er zu Papa: „Och, den Lehrer kenne ich doch gar nicht. Kann ich nicht mit meinen Freunden schwimmen gehen?“ „Wenn du erst einmal richtig schwimmen kannst, kannst du sogar ein Wettschwimmen mit deinen Freunden machen,“ antwortet der Papa. „Oh, dann will ich aber ganz schnell schwimmen lernen!“, ruft Leo begeistert.

Im Schwimmbad hat Leo sich gleich umgezogen.
Da steht er nun in seinen Badesachen am Beckenrand und schaut sich um. Dann stellt er fest: „Am See war das Wasser aber nicht so tief, Mama! Was ist, wenn ich hier untergluckere?“ Die Mama versteht Leos Sorge. „Ach, meine kleine Lausemaus. Das wird ganz sicher nicht passieren. Sieh mal, da kommt dein Schwimmlehrer und er passt gut auf dich auf!“ Da hört Leo auch schon eine fremde Stimme aus dem Schwimmbecken. „Hallo!
Ich bin Herr Frosch. Bist du Leo?“
Leo krallt sich an Mamas Rock und jammert:
„Mama, komm mit ins Wasser!“

Gut, dass die Mama ihren Badeanzug eingepackt hat. Kaum ist sie im Wasser, will Leo Lausemaus sofort hinterher. Eine ganze Weile sind die beiden nun schon im Schwimmbecken und Leo findet es prima. „Das Wasser hier ist viel wärmer als im See.“ Leo kann gar nicht genug bekommen. Längst schon hat er den Schwimmring und die Schwimmflügel ausgezogen. „So kann ich mich viel besser bewegen.
Sieh nur, Mama, ich kann schon fast alleine schwimmen!“, freut sich Leo.

platsch

Ojee

Jetzt war Leo lange genug im Wasser. Er will eine Pause machen und klettert über die Leiter aus dem Becken. Schnell rubbelt er sich mit seinem Handtuch trocken. Dabei schaut Leo zu seinen anderen Sachen, die er am Beckenrand abgelegt hat. Der Schwimmreifen ist noch da. Plötzlich beginnt Leo zu weinen: „Meine Schwimmflügel! Sie sind weg!"
Das hört der Bademeister und kommt zu Leo. „In meinem Hallenbad geht nichts verloren! Wir werden sie gemeinsam suchen", schlägt er vor.

Während der Bademeister und die Mama noch nach den Schwimmflügeln suchen, steht plötzlich Didi Dachs neben Leo Lausemaus. Leo wundert sich: „Was machst du denn hier?“ „Na, schwimmen lernen. So wie du!“, erklärt Didi seinem Freund. Leo schaut auf Didis Arme. „Sind das etwa meine Schwimmflügel? Die habe ich schon überall gesucht!“ Didi wird verlegen: „Entschuldige, Leo. Ich wollte sie mir nur ausleihen. Sonst traue ich mich nicht ins Wasser.“ Leo überlegt kurz. Dann sagt er: „Du musst keine Angst haben, Didi. Hier gibt es einen Schwimmlehrer, der bringt uns das Schwimmen ganz schnell bei.“

hmmm ...

Und wirklich, Herr Frosch ist ein besonders netter Schwimmlehrer. „Ja, Leo, das machst du schon sehr gut. Jetzt mit den Armen weit ausholen und mit den Beinen kräftig abstoßen“, erklärt Herr Frosch. Während Didi noch vom Rand aus zuschaut, wird Leo immer sicherer. Wer hätte das gedacht?
„Ja, Schwimmen macht so viel Spaß! Komm auch rein, Didi!“, muntert er seinen Freund auf. Nein, Didi hat noch keine rechte Lust dazu. Aber das macht nichts. Irgendwann wird auch Didi ins Wasser gehen und schwimmen lernen.
So wie sein Freund Leo Lausemaus ...

Huch, es ist schon spät geworden. Die Mama ist schon umgezogen. Nur Leo scheint nicht genug zu bekommen. Zwei Mal muss die Mama ganz laut rufen: „Komm, Leo, die Zeit ist um. Wir müssen gehen.“ Ganz langsam klettert Leo Lausemaus aus dem Becken. Fest schmiegt er sich an die Mama und bettelt: „Och, schon? Können wir nicht noch etwas hier bleiben?“ „Nein, Leo, zu Hause warten der Papa und Lili auf uns“, erklärt die Mama.
„Aber wir kommen bald wieder, damit du weiter üben kannst“, verspricht die Mama.
„Juhu!“, jubelt Leo.

Toll!

In der Zeit, in der die Mama mit Leo im Schwimmbad war, hat sich der Papa zu Hause um die kleine Lili gekümmert. Jetzt am Abend, kurz vor dem Zubettgehen, ist endlich genügend Zeit, dem Papa alles vom Nachmittag im Schwimmbad zu erzählen. Schon hat es sich Leo auf Papas Schoß bequem gemacht und erzählt und erzählt ... „Toll, Leo, dass du schon so viel gelernt hast!“, freut sich der Papa. Leo strahlt. „Ja, und meine Schwimmflügel brauche ich auch nicht mehr! Die schenke ich Lili. Und morgen möchte ich wieder in die Schwimmschule.“ Der Papa lacht: „Du bist doch eine richtige Lausemaus!“

Nach mehreren Besuchen im Schwimmbad macht die Mäusefamilie an einem schönen Tag wieder ein Picknick am See. Der Picknickkorb ist randvoll mit Leckereien, aber Leo möchte erst einmal sein neues Segelschiffchen ins Wasser bringen. „Gut, dass ich jetzt schwimmen kann. Falls mein Boot nicht am Ufer bleiben will, kann ich gleich hinterher schwimmen“, meint Leo. „Aber zu weit hinaus darfst du nicht! Im See zu baden ist anders als im Schwimmbad“, erklärt der Papa. Das versteht Leo und bleibt immer in Ufernähe. Er spielt mit seiner kleinen Schwester und verspricht: „Bald kannst auch du schwimmen, Lili! Und ich helfe dir dabei!“

Entdecke die kunterbunte Welt von Leo Lausemaus

will nicht schlafen
ISBN 978-3-937490-20-5

will nicht essen
ISBN 978-3-937490-22-9

will nicht in den Kindergarten
ISBN 978-3-937490-24-3

sagt nicht die Wahrheit
ISBN 978-3-937490-25-0

Mama geht zur Arbeit
ISBN 978-3-937490-27-4

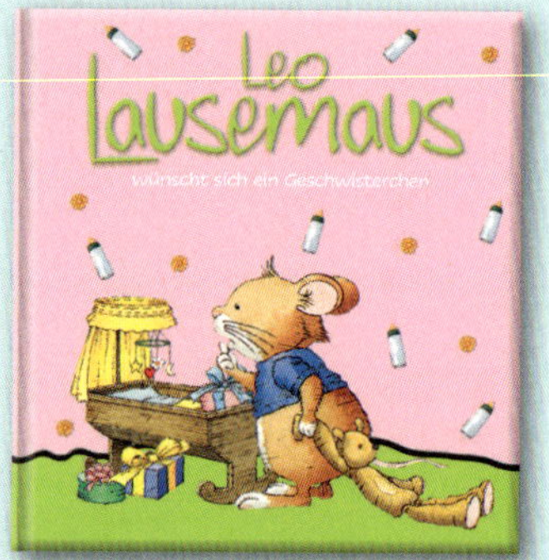

wünscht sich ein Geschwisterchen
ISBN 978-3-937490-28-1

will sich nicht die Zähne putzen
ISBN 978-3-938323-18-2

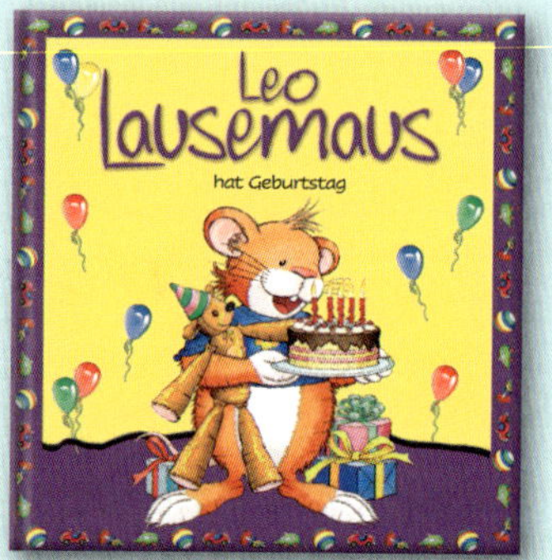

hat Geburtstag
ISBN 978-3-938323-89-2

trödelt mal wieder
ISBN 978-3-938323-94-6

will nicht teilen
ISBN 978-3-941118-59-1

lernt schwimmen
ISBN 978-3-941118-75-1

kann nicht verlieren
ISBN 978-3-942453-21-9

will nicht aufräumen
ISBN 978-3-942453-98-1

will alles alleine machen
ISBN 978-3-943390-83-4

lässt sich nicht ärgern
ISBN 978-3-963470-87-5

hat schlechte Laune
ISBN 978-3-963470-90-5

... überall im Handel und unter www.leo-lausemaus.de